Género Fantasía

I0794264

Pregunta esencial

¿Cómo rescatar cosas usadas?

¡En casa aprovechamos todo!

Sabrina Herreros
ilustrado por Víctor Rivas

Capítulo 1

Los duendes del bosque

En un bello y lejano bosque vivía una familia de duendes. Rodeados de hermosas flores y frutos silvestres, los duendes habían construido su pequeña casa. El padre y la madre duendes, sabían de los esfuerzos que hay que hacer para mantener a la familia bien alimentada, bien vestida y bien cuidada. Ambos cocinaban muy rico y conocían muy bien el oficio de reciclar para que rindiera mejor la economía del hogar. Vivían con el afán risueño de enmendar todo lo que se rompiera. Aprovechaban todo lo que tuviera alguna utilidad.

Era una familia muy unida y trabajadora. Cada integrante tenía una función que cumplir. Lo hacían todo de manera muy organizada. Sus antepasados duendes también habían habitado ese frondoso bosque. De ellos heredaron todas las costumbres familiares. Serrar los árboles caídos. Apartar las piedras del camino. Quitar la basura acumulada de aquí o de allí. La misión era vivir por siempre en el bosque. Para ello era necesario descartar todo lo que contaminara el ambiente y aprovechar todo lo que estuviera en desuso.

Tenían que mantener ese hermoso lugar como siempre había estado. Limpio y puro. Además había que ahorrar dinero y energía para vivir mejor.

Toda la familia duende se dedicaba a las tareas del bosque. Con sus herramientas serraban los árboles para transformarlos en muebles o arreglar los que estaban rotos. También dejaban arder la leña para calentar la casa. Luego se encargaban de las tareas domésticas.

Bellota y Lila, los duendes pequeños, siempre estaban dispuestos a ayudar a sus padres en los trabajos del hogar. Aprendían todo lo que podían. Algún día sus padres duendes iban a envejecer y entonces ellos serían los responsables de cuidar y sostener el trabajo familiar. Faltaba todavía mucho tiempo para que eso sucediera. Pero si sus padres se ausentaran por un tiempo debían estar preparados para saber qué hacer y cómo manejarse para sobrevivir.

La familia duende no hacía otra cosa más que reciclar y reciclar. Apartando basura de aquí y de allá. Cambiando lo sucio en limpio. Cambiando lo inútil en útil, lo desechable en un producto para aprovechar. Estaban convencidos de que esa era la manera de salvar este planeta. Cuidaban el medioambiente para que nunca dejara de existir aquel hermoso y frondoso bosque. El bosque estaba lleno de recursos naturales para subsistir y no era necesario talar tantos árboles.

Capítulo 2

Nada se pierde, todo se transforma

Un día, el padre duende había quedado a cargo de la cocina. Lila, quiso ayudarlo y se quedó con él. Mientras tanto, Bellota y su madre trabajaban en la huerta familiar.

A la pequeña duendecita le gustaba compartir la tarea con su padre porque él cocinaba muy bien. Como había sobrado arroz del día anterior, decidieron que lo usarían para hacer croquetas. Era el plato preferido de Bellota. ¡Qué rica sorpresa le darían! Lila descubrió que también tenían algunas verduras hervidas. "Seguro que podremos hacer algo rico con estas sobras," pensó.

Eran muchas las recetas que Lila había aprendido con sus padres. La carne asada que sobraba se podía transformar en un rico estofado para acompañar con fideos. Las verduras de un puchero se convertían en una rica sopa licuada. El arroz del guiso en crocantes croquetas. El pescado en albóndigas. ¡Mmm! ¡Cuántas cosas deliciosas y nutritivas!

—Con esas verduras haremos una rica tarta —aseguró su padre—. Las sobras siempre pueden ser aprovechadas si se conservaron bien.

—¡Qué buena idea! ¡Quiero aprender a hacerla! —contestó Lila muy entusiasmada.

Al cabo de un rato, en la mesa, se servía una riquísima tarta de verduras con croquetas de arroz. ¡Todo estaba listo! Solo faltaba el postre.

En ese momento llegaron Bellota y su madre. Después de trabajar en la huerta habían salido al bosque para recolectar frutos para el postre. Cuando vieron la mesa lista se lavaron muy bien las manos y se sentaron a almorzar en familia.

Bellota agradeció a su hermana por las croquetas y felicitó a su padre por la tarta.

La familia duende siempre tenía mucho trabajo. Los vecinos y amigos traían sus cosas para reparar porque papá y mamá duendes sabían trabajar muy bien en el oficio de reciclar. Una mesa rota, se reparaba. Una camisa vieja, se transformaba en pañuelitos. Un suéter que quedaba chico se destejía y se tejía una bufanda.

La casa de los duendes era una casa muy pequeña. Todo había sido fabricado por ellos mismos. Habían fabricado la lámpara con una botella. Con restos de papeles y cartones fabricaban otras cajas y papeles para escribir cartas a sus parientes duendes. Las paredes eran de latitas. No había llevado mucho tiempo construirla. Sus vecinos habían colaborado con todo tipo de material desechable. Habían traído latitas y envases de botellas.

De esta manera los duendes ayudaban a la conservación del bosque. Nunca dejaban que se acumulara basura. Todo era reciclado. Les habían enseñado a los habitantes del lugar a separar la basura para poder elegir qué podía descartarse y qué podía reciclarse.

Capítulo 3

Una silla nueva

Un día, mamá duende y su hijo salieron al bosque a caminar por la sierra. Cuando llegaron al río, de repente, pudieron divisar a lo lejos un bulto.

—¡Qué cosa tan rara se ve en la orilla! ¿Tú lo ves? —dijo el duendecito.

—Creo que es una roca —contestó mamá duende.

—¡No, mamá! A mí no me parece —dijo Bellota.

—Tal vez sea un tronco viejo —dijo mamá duende.

—¡El bulto es muy pequeño para que sea un tronco de un árbol! —exclamó Bellota.

Se quedaron largo rato tratando de adivinar qué era eso. Cuando se acercaron, la sorpresa fue grandísima. En la orilla del río había un enorme baúl de madera que había traído la corriente.

Detective del lenguaje — **En la oración subrayada, ¿cuál es el pronombre personal?**

La madre le pidió a su hijo duende que la ayudara con la carga. Resolvieron que lo llevarían a la casa. No sabían qué llevaban: no era comida ni era un tesoro.

El baúl era muy grande y pesado. Tenía los herrajes oxidados pero la madera estaba bien.

Cuando llegaron a casa con el baúl, a la madre duende se le ocurrió una gran idea.

—¡Usaremos la madera para fabricar una hermosa silla! —dijo.

—¡Yo te ayudo! —dijo Bellota.

—Tú tráeme la sierra, por favor, los clavos y el martillo —pidió el padre a Lila.

Lila le llevó a su papá la sierra y otros elementos de su caja de herramientas para ponerse a trabajar.

Todos trabajaron muy contentos. Serraron y clavaron madera.

Finalmente, la silla estuvo lista en un par de horas. Esa familia sabía trasformar los desechos en cosas útiles.

Detective del lenguaje	**En la oración subrayada, ¿cuál es el pronombre personal?**

Capítulo 4

La visita del gran duende

Se acercaba un día especial. Habían invitado a alguien muy importante para la familia de duendes. Todo estaba listo.

Los exquisitos platos que habían cocinado adornaban la mesa. Los platos eran de cartón, los vasos de plástico y los cubiertos eran los de siempre.

Las sillas de la familia duende también eran las de siempre. Pero la silla nueva estaba destinada para el invitado especial, que llegaría en cualquier momento.

El gran duende era un familiar de la familia duende. Y también era muy importante en la comunidad. La verdad es que él había sido el primer reciclador del bosque.

Bellota y Lila querían que el gran duende viera la hermosa silla construida con las maderas del viejo baúl. Estaban seguros que recibirían elogios y que se pondría muy contento al saber que cada vez más integrantes de la comunidad se ocupaban de preservar la naturaleza. Reciclaban y reciclaban todo lo que se pudiera.

El gran duende siempre llevaba su valija con herramientas y otras cosas. Siempre estaba listo para arreglar algo, cambiar una tuerca o aflojar algún clavo. Sabía cómo aprovechar los residuos.

Había traído, también, unas bolsitas de colores para regalar. Unas verdes, para todo lo orgánico, otra roja para los plásticos, la azul era para los papeles y la amarilla para las cosas de metal. Las bolsitas eran para separar la basura y después reciclarla.

La sobremesa fue especial. Tuvieron una larga conversación donde Bellota y Lila pudieron participar con toda confianza. Aprendieron más cosas sobre la manera de reciclar. Hicieron todo tipo de preguntas y escucharon todos los consejos del gran duende.

—Nada se tira, todo se transforma —repetía a cada rato.

Los hijos duendes estaban listos para seguir adelante con la misión de transformar los materiales de desecho en nuevos productos

Durante el almuerzo el gran duende saboreó las nuevas recetas de la familia. Verduras, carnes de todo tipo, arroz, todo había sido utilizado para agasajarlo. Se sintió muy cómodo en la casa de los duendes. Disfrutó de la silla nueva. Pero lo que más le gustó fue el paseo que dieron por el bosque. Pudo comprobar que el bosque seguía tan hermoso y cuidado como siempre.

El gran duende los felicitó por tan hermosa creación.

Respuesta a la lectura

Resumir

Usa detalles para resumir el cuento. La tabla te servirá de ayuda.

Evidencia en el texto

1. ¿Cómo sabes que el cuento *¡En casa aprovechamos todo!* es de fantasía? Identifica un elemento que lo demuestre. **GÉNERO**

2. En la página 3, ¿qué pensaban los duendes que era necesario hacer para vivir por siempre en el bosque? **PUNTO DE VISTA**

3. ¿Qué homógrafo encuentras en las páginas 9 y 11? ¿Por qué son homógrafos? **HOMÓGRAFOS**

4. Escribe sobre lo que aprendiste en *¡En casa aprovechamos todo!* acerca de la importancia de reciclar. **ESCRIBIR SOBRE LA LECTURA**

Género Texto expositivo

Compara los textos

Lee sobre una nueva manera de reciclar.

Reciclado de bicicletas

Andar en bicicleta es una manera económica, divertida y ecológica de moverse. En la Ciudad de Nueva York hay un grupo muy especial. Recycle-a-Bicycle es una organización que trabaja para educar a las personas sobre bicicletas y el medio ambiente. También brinda capacitación, especialmente a los jóvenes, sobre cómo construir bicicletas. En solo un año, Recycle-a-Bicycle puede salvar hasta 1,200 bicicletas que, de otra manera, terminarían en el basurero. Estas bicicletas se restauran y luego se venden o se donan a alguien que las necesite.

Las bicicletas que están demasiado dañadas se desarman, y el aluminio y el acero se separan para reciclar. Esto suma hasta 12,000 libras de metal reciclado por año.

Se pueden comprar bicicletas restauradas en Recycle-a-Bicycle.

El dinero recaudado de las ventas de bicicletas ayuda a financiar los programas de jóvenes y del medio ambiente de Recycle-a-Bicycle. Entre los programas está Bonanzas de bicicletas, que ofrece actividades gratuitas para andar en bicicleta en familia.

Recycle-a-Bicycle también ofrece cursos de capacitación para construir y reparar bicicletas. Con un programa que ofrecen algunas escuelas, los estudiantes tienen la oportunidad de obtener su propia bicicleta. Los estudiantes aprenden cómo reparar bicicletas viejas. Luego pueden ofrecerse como voluntarios a cambio de una bicicleta.

Los jóvenes (arriba) aprenden de los mecánicos de bicicletas.

Miembros adolescentes del Club de Bicicletas (izquierda) disfrutan andando juntos.

Además de restaurar bicicletas, Recycle-a-Bicycle fomenta el arte del reciclaje. Realizan talleres para convertir partes de bicicletas viejas en arte, artesanías y joyas. Los talleres que enseñan a mantener en buen estado de conservación y reparar la propia bicicleta también son muy populares. Recycle-a-Bicycle es una organización que trabaja mucho para educar a las personas en el uso de las bicicletas, así como la importancia de cuidar el medio ambiente.

Cómo inflar una rueda de bicicleta

Qué necesitas

- una bicicleta
- un inflador

Cómo se hace

1. Quita la tapa de la válvula de la rueda.
2. Ajusta el extremo del inflador a la válvula.
3. Infla la rueda.

Haz conexiones

Piensa en una manera de volver a usar algo que ya no necesitas. **PREGUNTA ESENCIAL**

¿Qué tienen en común los personajes de *¡En casa aprovechamos todo!* y la gente de Recycle-a-Bicycle? **EL TEXTO Y OTROS TEXTOS**

Enfoque: Género

Fantasía Los cuentos de fantasía poseen personajes, ambientes u otros elementos inventados que no podrían existir en el mundo real. Los escritores crean estos cuentos para entretener a los lectores.

Lee y descubre En *¡En casa aprovechamos todo!*, vuelve a leer el capítulo 3. ¿Quiénes son los personajes? ¿Podrían existir en el mundo real?

Tu turno

En *¡En casa aprovechamos todo!*, una familia de duendes recicla objetos en desuso. Haz una lluvia de ideas para preparar la trama de un cuento de fantasía sobre reciclar y proteger el medio ambiente.